Dean Koontz

8 Schritte zum Glück

Trixies Ratgeber für ein glückliches Leben

Aus dem Amerikanischen von
Miriam Mabée und Michael Nagula

Besuchen Sie unseren Shop:
www.AmraVerlag.de

Ihre 80-Minuten-Gratis-CD erwartet Sie.
Unser Geschenk an Sie ... einfach anfordern!

Amerikanische Originalausgabe:
Bliss to You. Trixie's Guide
to a Happy Life

Deutscher Erstdruck im AMRA Verlag
Auf der Reitbahn 8, D-63452 Hanau
Hotline: + 49 (0) 61 81 – 18 93 92
Service: Info@AmraVerlag.de

Herausgeber & Lektor	Michael Nagula
Umschlaggestaltung	Guter Punkt
Layout & Satz	Birgit Letsch
Druck	CPI books GmbH

ISBN Printausgabe 978-3-95447-327-4
ISBN eBook 978-3-95447-328-1

Inhalt

Ich, Trixie, ein Hund,

widme dieses Buch meiner Menschin Gerda,

deren leise Stimme und freundliche Augen

mich immer mit Freude erfüllt haben.

TADAS

Trixie auf der anderen Seite

von Dean Koontz

Unsere Trixie, ein wunderschöner Golden Retriever mit dem Temperament eines Engels, der für uns wie ein Kind war, ging drei Monate vor ihrem zwölften Geburtstag von dieser Welt, kurz nach 14 Uhr an einem Samstagnachmittag. Sie lebt nun mit vielen anderen braven Hunden auf der Wiese an der Regenbogenbrücke, wo sie darauf wartet, dass auch wir diese Welt verlassen und uns zu ihr gesellen.

Nachdem meine Frau Gerda und ich unser wundervolles Mädchen verloren hatten, trauerten wir monatelang. In den Wochen nach ihrem Weggang wurde an jedem Samstagnachmittag, je näher wir 14 Uhr kamen, die Erinnerung an sie so stark, dass wir es nicht mehr ertragen konnten, etwas Alltägliches zu tun. Wir gingen auf den Feldern, die Trixie so sehr geliebt hatte, Hand in Hand spazieren und besuchten all ihre Lieblingsstellen.

Auf die Minute genau drei Wochen nach Trixies Tod gingen wir wieder über eine größere Wiese, als sich ein leuchtender goldener Schmetterling von einem Pfefferstrauch zu uns hinab schwang. Einen solchen Schmetterling hatten wir noch nie gesehen – und auch seitdem nicht mehr. Er war groß, größer als meine Hand, und grellgolden, nicht gelb. Er flatterte drei oder vier Mal um unsere Köpfe herum, strich uns über das Gesicht und übers Haar wie noch kein Schmetterling zuvor. Dann schwang er sich neben dem Pfefferbaum wieder hinauf und verschwand am Himmel. Gerda, sonst die nüchternste Person, die man sich überhaupt denken kann, sagte sofort: »War das Trixie?«, und ohne zu zögern antwortete ich: »Ja. Das war sie.«

Wir sprachen nicht mehr über diesen Vorfall, bis wir später zu Bett gingen und bemerkten, wie unglaublich dick die Flügel des Schmetterlings gewesen waren, viel zu dick, um aerodynamisch sein zu können. Gerda erinnerte sich, dass es ihr schien, als wären sie »fast wie von einem Neonseil gesäumt« gewesen, und auf mich hatten sie den Eindruck von buntem Fensterglas gemacht, das in Metall gefasst ist. Kein Landschaftsgärtner, der hier arbeitet, hat

jemals zuvor oder seither einen solchen Schmetterling gesehen, so wenig wie wir; und er hatte in genau
der Minute um unsere Köpfe herum getanzt, als drei
Wochen zuvor Trixie gestorben war.

Skeptiker werden zusammenzucken, und es tut
mir leid für sie. Ich werde immer glauben, unser
Mädchen wollte uns wissen lassen, dass unser großer
Kummer nicht angemessen war, dass es ihr gut geht.
Als wir diese Geschichte Freunden anvertrauten,
habe ich andere gehört, die nach dem Verlust eines
geliebten Hundes unglaubliche Erfahrungen mach-
ten, ganz andere als wir, die aber wohl ebenfalls den
Zweck verfolgt hatten, ihnen mitzuteilen, dass der
Geist ihres Hundes irgendwie weiterlebte.

Auf meiner Website wird Trixies Seite gewöhnlich
am häufigsten aufgerufen. Mit ihren Fotos und ihren
Texten hat sie viele eigene Fans gewonnen. Ich ver-
sprach ihnen, dass sie mehr von Trixie hören würden,
weil ihr Geist doch immerhin unsterblich ist. Wenn
Trixie dieser Tage Botschaften und Sinnsprüche pos-
tet, sind sie stets mit TADAS unterschrieben – ein
Akronym für *Trixie auf der anderen Seite*.

Und nun halten Sie ein eigenes Buch von ihr in
Händen. Sie hat es mir durch meinen Computer ge-
channelt. Jeden Abend habe ich den Rechner abge-
schaltet, und jeden Morgen fand ich ihn wieder an-

geschaltet vor, und auf dem Bildschirm prangte ein weiteres Kapitel, das mir von der Regenbogenbrücke aus geschickt worden war.

Somit darf ich Ihnen jetzt ein Buch meiner befellten Tochter übergeben, in dem sie die Weisheit der Hunde weitergibt, von der sie hofft, dass sie mehr Freude in das Leben ihrer Leser bringen wird. Die Einnahmen der Autorin spenden wir übrigens *Canine Companions for Independence*, einer wundervollen Organisation, die Menschen mit Einschränkungen hervorragend ausgebildete Assistenzhunde zur Verfügung stellt.

Worum es in meinem Buch geht

von Trixie Koontz

Glückseligkeit für euch. Ich bin's, Trixie Koontz, die ein Hund war, ein Hund ist und immer ein Hund sein wird. Etwas Besseres als ein Hund kann man gar nicht sein. Wenn du ein Hund bist und das hier liest, weißt du, dass es stimmt. Wenn du ein menschlicher Leser bist – vertraue mir.

Du kannst mir vertrauen. Ich bin ein Hund, und Hunde können nicht lügen.

Vielleicht necken Hunde manchmal dumme Katzen, auch wenn sie das nicht tun sollten. Fesseln die schlafende Katze zum Beispiel an einen Kastendrachen. Die Katze wacht dann sechzig Meter über der Erde auf, guckt hinunter und sieht den Hund grinsen und wedeln.

Oder der Hund verschlingt beim Picknick die Frankfurter Würstchen, wenn niemand hinschaut. Und danach noch den Kartoffelsalat und den Apfelkuchen. Kann sein, dass er den Menschen nichts zu essen übrig lässt, außer Selleriestangen.

So was will ich euren Hunden natürlich nicht empfehlen. Sage nur, was freche Hunde tun könnten. *Freche* Hunde, keine »bösen«. Gibt keine bösen Hunde, nur böse Hundebesitzer. Mit diesem Argument kommen freche Hunde vor Gericht am besten durch, und es stimmt ja auch.

Wenn alle anderen Familienmitglieder zum Essen ausgehen und nur den Hund zurücklassen, pieselt der Hund vielleicht auf den Fußboden, um seine Meinung dazu zu äußern. Probiert es aus, wenn ihr das nächste Mal euren Ehegatten oder den Kindern euren Standpunkt klarmachen wollt. Klappt bestens.

Aber lügen können Hunde nicht.

Und auch kein Auto lenken. Kommt mir bloß nicht mit Gründen – es ist einfach unfair! Hunde sind verantwortungsbewusster als jedes normale Filmsternchen, und die dürfen alle ans Steuer und fahren dann meistens betrunken herum. Hunde trinken nur Wasser. Vielleicht auch mal Fruchtsaft, aber niemals gegorenen. Im Interesse öffentlicher Sicherheit sollte man guten Hunden erlauben, Hollywood-Sternchen zu chauffieren.

Ich, Trixie, die ein Hund ist, hab nun also auch ein Buch geschrieben. Das hier. Hab nie gedacht, ich würde eines schreiben. Liegt der Familie Koontz offenbar im Blut – dieser verrückte Drang zu schreiben. Neulich wollte ich nachts eigentlich den Mond anheulen. Hab mich stattdessen an den Computer gesetzt und *aufgeschrieben*, wie ich den Mond anheule. Brauche vielleicht eine Therapie.

Dieses Buch handelt vom Glück – was es ist und wie man es findet. Alle Menschen wären gern glücklich. Aber wo landen sie stattdessen? Im Gefängnis. Oder wegen Verkehrsdelikten vor Gericht. Oder in der Reha. Oder völlig pleite in Las Vegas. Manche gehen bei der Seefahrt auf dem Meer verloren. Andere weiden Heilbutt im stinkenden Frachtraum eines Fischkutters in Alaska aus. Und alle diese Menschen fragen sich dann: *Wie konnte ich hier landen?*

Alle Hunde kennen das Geheimnis, wie man glücklich wird. Und hier, auf der anderen Seite, in Gesellschaft der Engel, die Tennisbälle für uns werfen und uns den Bauch kraulen, hab ich sogar noch mehr darüber gelernt.

Ich, Trixie, liebe die Menschen. Alle guten Hunde tun das. Und ich möchte, dass die Menschen wahres Glück kennenlernen, ohne im Gefängnis zu landen. *8 Schritte zum Glück* ist mit Hundeweisheiten gepflastert. Ich werde euch den Weg dorthin zeigen.

Folgt mir einfach.

Der 1. Schritt zum Glück

STILLE

*D*ie Welt ist umtriebig. Beängstigend. Zu viel. Sie brandet ständig auf dich ein. Telefonanrufe, Textnachrichten, eMails, Spam, aber nicht von der leckeren Sorte. Kein leckeres Frühstücksfleisch. Nicht *dieses* Spam.

Und auch Straßenverkehr, Rowdys, überfüllte Einkaufszentren. Kleine Kinder, die dich am Schwanz ziehen, irre Katzen mit kreiselnden Augen, schaurige Hundemeuten, die nachts im Wald ihr Geheul anstimmen.

Um Glück zu finden, musst du erst einen Schritt zur Seite machen, raus aus dem ganzen Heckmeck. Nach vorn oder zurück geht nicht, weil du dann immer noch in totaler Hektik bist.

*I*ch, Trixie, meine damit nicht, dass du gedanklich abdriften sollst, wie du es manchmal tust, wenn der Chef mit dir spricht. Du sollst nicht aussteigen, obdachlos werden, Körpergeruch verbreiten, der so stark ist, dass er kleine Vögel umbringt.

Ganz gleich, in was für einem Heckmeck du drin steckst, ein Ort der Stille ist immer ganz nahe. Das Leben ist meistens ein reißender Strom. (Hunde nennen so etwas eine *Metapher*.) Also muss man manchmal ans Ufer schwimmen, eine Weile einfach nur dasitzen.

Dein Leben kommt dir vielleicht schlimmer vor als ein reißender Strom. Fühlt sich vielleicht eher an wie in einem abstürzenden Fahrstuhl. Dann bist du weit entfernt vom Glück. Dann musst du auf den Knopf drücken, auf dem Nothalt steht.

Einen Schritt zur Seite machen, ans Ufer schwimmen, der *Nothalt*-Knopf: Alles bringt dich an den selben Ort.

Der Ort heißt Stille im Herzen.

Hunde verbringen die meiste Zeit ihres Lebens mit Stille im Herzen. Menschen leben meistens gleich nebenan mit Verzweiflung im Herzen. Hin und wieder täte es euch ganz gut, nach unserem Vorbild zu leben.

*N*ach dem Schritt, dem Schwimmen oder Knopfdrücken wirst du wissen, dass du nicht in der Stille deines Herzens bist, wenn du laute Musik oder Schenkelklopfen hörst. Vielleicht bist du in einer Kneipe. In einer Kneipe herrscht erst Stille, wenn du so sternhagelvoll bist, dass es dich umhaut.

Du willst nicht die Art von Stille, auf die mörderische Kopfschmerzen folgen, Erbrechen oder ein inoffizielles Video auf YouTube, das allen zeigt, wie du gerade eine heiße Sponge-Bob-Squaredance-Sohle aufs Parkett legst. Du musst den *zweiten* Schritt zur Seite machen.

*A*uch im Gedränge bist du nicht in der Stille deines Herzens. Hundemeuten können Stille verbreiten, Menschenansammlungen nicht besonders oft.

Wenn der Fernseher an ist, gibt es keine Stille im Herzen. Bei Stille im Herzen gibt es keinen Fernseher. Und kein Radio. Und keine Videospiele. Und keine Handys oder auch nur ein iPhone. Kein Internet.

*W*enn du endlich in der Stille deines Herzens bist, wirst du viel beobachten, vielleicht auch ein bisschen nachdenken.

Hier sind ein paar Dinge, über die du *nicht* nachdenken wirst: Arbeit, Politik, Filme, Fernsehen, Promis, Videospiele, Finanzen, UFOs, Dinge, die du nicht besitzt, aber haben willst, Dinge, die du besitzt, aber nicht haben willst, globale Erwärmung, globale Abkühlung, fleischfressende Pflanzen.

Du kannst nicht wütend sein auf Radikale, Politiker, den Nachbarn, den Freund, die Mutter, den Vater, nicht einmal dann, wenn du Grund dazu hast. Kannst nicht wütend sein, nicht mal auf die verrückte Tante Edna, wenn sie wieder Hundedeckchen häkelt und Mützen mit Ohrlöchern, die du dann tragen musst, wenn sie auf Besuch kommt.

Stille ist der erste Schritt auf dem Weg zum Glück.

Kannst einfach nicht in der Stille sein, wenn du wütend bist.

*M*enschen haben Angst vor der Stille. Bewegung, Bewegung, immer in Bewegung. Stopfen ihr Leben voll mit Dramen, großen und kleinen. Denken, Denken, immer Denken, aber nie die besonderen Gedanken, die mit der Stille kommen.

Das sind die einzigen Gedanken, die zählen.

Also finde die Stille in deinem Herzen.

Verbanne allen Ärger.

Sei still.

Selbst wenn ein Hase ins Freie gehoppelt kommt, an Grasbüscheln knabbert und du ihn unbedingt jagen willst, kannst du es nicht.

Nicht, wenn du in der Stille deines Herzens bist.

Wenn du pieseln willst, mach es jetzt.
Wir werden erst wieder zum Pieseln kommen, wenn wir Glück gefunden haben und du es auch tüchtig umarmst.

Der 2. Schritt zum Glück

SCHÖNHEIT

*D*ie Welt ist ein wundervoller Ort. Und damit meine ich nicht nur den großen schönen Sternenhimmel. Meine auch den Grand Canyon. Meine die Wüste, die aussieht wie gemalt. Meine das irrsinnig weite Meer, das alle möglichen auffällig riechenden Dinge ans Ufer spült. Und dann schnüffelt man daran und frisst vielleicht eines davon, das einem später wieder hochkommt.

*I*ch denke dabei auch an schöne *kleine*
Dinge wie die Flügeldecken von Marienkäfern.
Oder die Farbe von Karotten und die Form
von Birnen. Den Mond, der auf dem Wasser
in viele glänzende Stücke zerbricht.

Und die hübsche schwarze Hundenase, kalt
und wie mit Kieselsteinchen übersät.

*S*ogar das winzig Kleine wie die Schneeflocke
meine ich damit. Oder einen Wassertropfen,
in dem sich alles ringsum spiegelt – die ganze
Szenerie in einem einzigen Tropfen. Das Muster
von Rissen und Blasen im Eis.

Und den Halbmond unten am menschlichen
Fingernagel.

*H*unde wie ich, Trixie, staunen über die
Schönheit der Natur. Nicht nur manchmal,
sondern immerzu. Schmetterlinge! Singvögel!
Rosen! Katzen! Selbst Katzen sind schön.
Zwar verrückt, durchtrieben und heimtückisch,
aber schön.

Die Welt ist nicht mehr so vollkommen wie
früher mal. Nicht alles ist schön. Kuhfladen sind
nicht schön, auch tote Ratten nicht. Tante Ednas
Füße mit den sechs Zehen sind nicht schön.
Schön findet das höchstens Onkel Bud. Aber
all das riecht wirklich interessant, also ist
Schönheit nicht alles im Leben.

*M*enschen sehen die Schönheit der Welt nicht immer. Manchmal so gut wie gar nicht. Wirklich traurig.

Wenn ich Trauriges sehe, muss ich was dagegen unternehmen. Warum? Ich bin ein Hund. Wünsche mir eine Welt, die so glücklich ist, wie Hunde glücklich sind.

Nur eines wünsche ich mir noch genauso sehr wie eine glückliche Welt, und das sind Würste.

*W*ahres Glück findest du nur, wenn du die Schönheit der natürlichen Welt ringsum erkennst. Schönheit hilft dir, in die Stille zu kommen.

Zum Beispiel, wenn du einen schlimmen Arbeitstag hattest. Fast hättest du deinen Kollegen mit einem Gabelstapler attackiert. Verbringe den Abend im Garten, betrachte die Sterne, schmuse mit dem Hundewelpen, dann legt sich deine Mordswut.

Du musst unbedingt lernen, die Schönheit der Welt Tag und Nacht zu begreifen, bevor du die nächsten sechs Schritte zu einem glücklichen Leben tust.

*U*m die Schönheit der Welt zu erkennen, musst du wirklich genau hinschauen. Nicht durch sie *hindurch* blicken. Nicht sie *ansehen.* Sondern *Einblick* in diese Schönheit nehmen.

Wenn du einen Baum anschaust, siehst du innerlich meistens nur das neue Auto vor dir, das du dir wünschst, oder irgendein Problem bei der Arbeit. Das ist nicht gut.

Du übersiehst das Besondere, wenn du in Gedanken woanders bist.

Oder du blickst auf den Baum und siehst tatsächlich nur einen Baum. Ist auch gut, wenn du einen Wagen lenkst, dann fährst du nicht gegen die große alte Eiche, sparst dir hohe Reparaturkosten und einen Alkoholtest. Aber wenn man auf einen Baum blickt und nur einen Baum sieht, schaut man nur flüchtig hin.

Schaust du genau hin, siehst du die starken Wurzeln in der Erde verschwinden, erkennst die komplizierte Maserung der Borke, das Astwerk, das im Wipfel dem Deckengewölbe einer Kathedrale ähnelt, die grünen, atmenden Blätter, das zarte Muster von Sonnenlicht und Schatten. Du erkennst den Baum als Schatten-spender an heißen Tagen, als Windschutz, als Zuflucht der Vögel, als Holz, aus dem Häuser errichtet werden. Erkennst das Wunderbare eines Baums. Das heißt *Einblick gewinnen.*

*M*öchtest du einen Keks?

Ich möchte jetzt gern einen.

Ohne Kekse wäre das Leben wie ... Mir fällt
im Moment kein Vergleich ein. Jedenfalls
ist ein Leben ohne Kekse *undenkbar*.

Ich bekomme jetzt einen Keks.
Bin gleich wieder da.

Der Keks hat gut geschmeckt.

Aber dein Keks sieht besser aus.

Merkst du nun, dass ich ihn wirklich genau
anschaue? Ich erkenne das Wunderbare
an deinem Keks.

*M*enschen essen so langsam. Vielleicht deswegen, weil auf euren Tellern nicht eure Namen stehen. Deshalb könnt ihr niemals sicher sein, dass das Essen wirklich für euch bestimmt ist.

Hallo, da bin ich wieder. Bin zurück, Trixie Koontz, Hündin, Autorin und glückliche Keksvertilgerin.

Hab mir 22 Sekunden Auszeit genommen, um über eine Zeile von Proust nachzudenken. Hab sie gestern Abend gelesen, kapier sie aber immer noch nicht. Proust schreibt nicht so lustige Kinderreime wie Wilhelm Busch.

*O*kay, weiter mit dem Weg zum Glück.

Wieso lernen Menschen so schwer, in die Dinge *hinein* zu blicken und überall Schönheit zu erkennen?

Ein Grund: die Begierde. Menschen denken am meisten an das, was sie sich als Nächstes wünschen. Wenn du immer an das denkst, was du als Nächstes begehrst, lebst du in der Zukunft und nie im *Jetzt*. Kannst nicht die Schönheit der Welt erkennen, die jetzt existiert, wenn du ständig an das denkst, was du dir am kommenden Dienstag besorgen möchtest.

*H*unde wissen nie, was als Nächstes kommt. Sind ständig verblüfft. Es kann ja eine Hautkrankheit sein oder ein ganzer Hackbraten auf dem Fußboden.

Begierde ist bei Hunden sinnlos, sie können die Zukunft ja nicht steuern.

Soll ich euch ein Geheimnis verraten? Ihr könnt die Zukunft auch nicht steuern. Was auf euch zukommt, kann eine Hautkrankheit oder sogar ein Hackbraten sein.

Das ist der Rhythmus des Lebens: Hackbraten, Hautkrankheit, eine offene Tüte mit Kartoffelchips auf dem wunderbar niedrigen Tisch, ein Meteor, der durchs Dach fällt.

Das Gute am Leben ist, dass darin immer viel mehr Hackbraten als Meteore vorkommen.

$\mathcal{E}$in anderer, aber ähnlicher Grund dafür, dass es Menschen so schwerfällt, *Einblick* zu gewinnen, ist die Freude am Genuss. Viele Menschen leben nur für den Genuss.

Ist ja auch nichts Falsches, das Genießen. Hunde schätzen das auch. Ich habe meine Kekse genossen. Und dein Keks war vermutlich ein Hochgenuss.

ie Begierde lenkt dich, wie gesagt, vom
Hier und Jetzt ab, wo das Leben stattfindet.
Und wer unabhängig von den Begleitmständen
stets nur den Genuss sucht, lebt ein Leben
ohne jede Bedeutung.

Jetzt meinst du sicher, »Begleitumstände«
und »Bedeutung« wären Vorstellungen,
die weit über das Begriffsvermögen eines
Hundes hinausgehen. Da liegst du aber völlig
falsch. Hunde können einem Ball nachjagen
und zugleich über die Rätsel des Uni-
versums grübeln.

Das weißt du nur nicht, weil du Hunde nur
anschaust, aber nicht in ihr Inneres blickst.

*I*st schon in Ordnung, dass du Hunde nur anschaust. Sie sind ja auch wirklich so reizend, dass es schwerfällt, unter diese goldige Oberfläche zu blicken. Aber wir Hunde sind wie das Meer: Wir glänzen an der Oberfläche wie das Wasser im Sonnenlicht, doch darunter verbirgt sich eine ganze Welt. Und das gilt für viele Dinge im Leben.

Allerdings nicht für Katzen. Auch Katzen sind reizend anzusehen. Aber damit hat es sich bei Katzen auch schon.

*V*orhin hatten wir's vom Genuss. Wirklich und voller Freude genießen kannst du nur, wenn du die tiefe Schönheit der Welt und des Lebens erkannt hast. Genuss ohne Schönheit ist nur ein kurzes, schales Vergnügen.

Es ist so, als wenn ich einen Plastikbehälter mit Erdnussbutter durchbeiße und dann den ganzen Inhalt unverzüglich auffresse. Schmeckt in dem Moment sehr lecker. Hat aber nichts Schönes an sich, sich wie ein Schwein zu verhalten. Später schämt man sich dafür und bekommt schlimme Bauchschmerzen.

*D*ie Schönheit der Welt und des Lebens verleiht einem Genuss Würde. Schönheit ist nämlich wichtiger als Genuss.

Der Genuss vergeht, aber Schönheit hat Bestand. (Alte Hundeweisheit.)

Die Schönheit der Welt und des Lebens sind Geschenke. Wenn man etwas in dem Bewusstsein genießt, dass es ein Geschenk ist, empfindet man Dankbarkeit. Und es gibt uns allen ein gutes Gefühl, wenn wir »Danke« sagen.

*U*nd hier gleich die nächste alte Hundeweisheit: Die Schönheit der Welt schließt auch das menschliche Gesicht mit ein. Wir Hunde lieben jedes menschliche Gesicht, Menschen lieben nur manche menschlichen Gesichter. Aber es gibt kein hässliches Gesicht. Nur unterschiedliche Schönheit. Ein Mensch, der einem niemals Kekse gibt, kann trotzdem schön sein.

Nimm dir 14 Sekunden Zeit, um darüber nachzudenken.

Okay, das waren jetzt zwei Schritte. Der Erste: ruhig und gelassen zu bleiben. Der Zweite: Die Welt in all ihrer Schönheit zu erkennen. Du hast jetzt den zweiten Schritt vollendet. Gut so! Wärst du jetzt hier, würde ich dir über dein Gesicht lecken. Gern geschehen!

Der 3. Schritt zum Glück

SPASS

Die Welt macht Spaß. Man kann auf Wiesen herumrennen. In Teichen schwimmen. Hügel, Täler und Meeresufer erforschen. Unzählige Dinge erschnuppern. Es gibt so viel zu lernen, so viel zu sehen. So viele Katzen zu jagen.

Warnung: Katzen zu schnappen bringt kein Glück. Man darf sie nur jagen. Schnappt man sich eine Katze, reißt sie einem die Nase auf. Dann muss man zum Tierarzt. Der näht einem die Wunde zu, stößt einem eine Nadel ins Hinterteil, und alle lachen einen aus, vor allem die Katze.

$\mathcal{D}$ie Welt ist ein Geschenk, das dich glücklich machen soll.

Du betrachtest sie nur nicht als Geschenk, da sie nicht in buntes Papier eingewickelt und mit einer Schleife verziert daherkommt. Und es hängt auch keine Karte dran, auf der steht: *Liebe Loretta, hier ist deine Welt. Ich wünsche dir ein glückliches Leben. Alles Liebe, Gott.*

Es ist auch deswegen so schwer, die Welt als Geschenk zu betrachten, weil dieses Geschenk so überaus großzügig ist.

Es ist so, als würdest du jemand zum Abendessen einladen und er stellt dir als Mitbringsel zwei Luxuswagen vor die Tür.

*A*ber die Welt ist tatsächlich ein großes Geschenk. Wir Hunde wissen das, und wir sind stets glücklich darüber. Außer wenn wir manchmal sehen, wie Menschen dieses Glück von sich weisen. Dann haben wir Mitgefühl mit euch.

Stimmt: Hunde *blicken durch.* Manche sagen auch: »Hunde haben ihre eigenen Gesetze«.

Stimmt nicht: Wären Hunde an der Macht, würdet ihr eure Steuern in Form von Frankfurter Würstchen bezahlen. Aber Hunde *kennen sich aus.*

Das Glück ist eine Wahlmöglichkeit. Egal, was passiert: Du kannst dich für das Glücklichsein oder für das Unglücklichsein entscheiden. Kein anderer kann dich glücklich machen. Das musst du schon selbst tun.

*D*enk doch mal nach. (Keine Panik, du musst jetzt nicht über Proust nachdenken, nicht mal über Wilhelm Busch.) Die Sonne ist 330.000 Mal größer als die Erde und eine siedende Masse thermonuklearer Reaktionen. Wenn sich die Sonne ein bisschen abkühlt, haben wir auf der Erde eine Eiszeit. Und wenn sie sich ein winziges bisschen erwärmt, wird es auf der Erde sehr viel heißer als jetzt. Irgendwann wird sich die Sonne vielleicht mehr als nur ein winziges bisschen aufheizen und die Erde dann unverzüglich einäschern. Auch die Magnetpole der Erde könnten sich verschieben und die menschliche Zivilisation an einem einzigen Tag vernichten.

Warum sollte man sich beim Kochen dann ständig mit Gedanken an schädliche Transfettsäuren quälen?

*M*enschen und Hunde sind so klein. Und das Universum ist so groß. Sogar größer als das größte Einkaufszentrum der Welt und voller Dinge, die *bumm* und *bäng* machen, und doch geht es uns gut.

Sei glücklich, dass es uns gut geht. Empfange nicht den Trübsinn, sondern die Freude mit offenen Armen.

Jetzt werde ich mir einen Keks holen, ehe der Magnetpol sich verschiebt. Bin in 21 Sekunden zurück.

War ein ausgezeichneter Keks. Wäre eine Titelgeschichte im *Gourmet*-Magazin wert. Wenn man am Rande einer planetaren Katastrophe lebt, schmeckt der Keks sogar noch besser.

*D*as Lachen ist ein Beruhigungsmittel ohne Nebenwirkungen. Und am besten lacht man über sich selbst. Mein menschlicher Papa, der ein Schriftsteller ist, hat gesagt, dass das Leben ein Aufzug von Narren ist und er mit dem Taktstock den Zug anführt.

Wer über sich selbst lachen kann, hat garantiert mehr Spaß im Leben.

*E*inige Wahrheiten über den Spaß: Du brauchst keine Yacht, um Spaß zu haben. Ein Ruderboot tut es auch. Und nur weil der andere Typ eine Yacht hat, musst du in deinem Ruderboot nicht weniger Spaß haben als er.

Eine Schachtel voller Donuts, die mit Zitronencreme gefüllt sind, ist immer noch was Feines, selbst wenn sich der Mann nebenan vier Schachteln besorgt hat.

Entschuldige mich. Gehe kurz beim Nachbarn vorbei. Bin in 40 Sekunden oder auch in einer halben Stunde zurück.

Gibt nebenan keine Donuts. Ich, Trixie Koontz, bin immer scharf darauf, den einzigartigen, wunderbaren Geschmack von Backwaren zu genießen. Mir war schon klar, dass es nebenan nicht unbedingt Donuts geben würde, musste mich aber vergewissern.

*M*an braucht Optimismus, um Spaß zu
haben.

Kann ja sein, dass sich manche vorgestellten
Donuts als real herausstellen. Und man würde
sie nie finden, würde man nicht nach ihnen
suchen.

*O*ptimistisch kannst du nur sein, wenn du deine Sorgen auf Dinge beschränkst, die du ändern kannst. Die Flugbahn eines massiven Asteroiden, der in Richtung Erde saust, kannst du nicht ändern. Kannst nicht beeinflussen, ob sich die Sonne erhitzt oder abkühlt. Kannst keinen fleischfressenden Bakterien aus dem Weg gehen, indem du umziehst und keine Nachsendeadresse hinterlässt.

Wenn du immer mit dem Schlimmsten rechnest, verbringst du dein ganzes Leben abwartend und voller trüber Gedanken. Schlimme Dinge zu erwarten wirkt magnetisch:

Du ziehst sie damit an.

Optimismus ist für die Seele wie ein Keks.

Der Keks erfreut dein Bäuchlein.

Der Optimismus ist Futter für dein Herz.

Thomas Jefferson sagte: Meistens ist das Leben voller Sonnentage.

Hitler sagte: Leben heißt leiden.

Freud sagte: Das Leben ist ohne Bedeutung.

Du *weißt* schon, wessen Hund den größten Spaß am Leben hatte, oder?

Unterbrechung für ein paar

HUNDE-
WEISHEITEN

Ihr, die Leserinnen und Leser, habt nun drei
Schritte zu einem glücklichen Leben gemacht.
Jetzt müsst ihr kurz ausruhen. Müsst meditieren.

Hier einige Hundeweisheiten, die es vielleicht
wert sind, darüber zu meditieren.

Schnappe nicht nach einer
herumsummenden Biene.
Sonst sticht sie dich und dein
Gesicht schwillt an.

Und dann siehst du aus wie ein
Schwein mit Fell.

Beim sommerlichen Picknick solltest
du das Biertrinken fördern.

Betrunkene lassen nämlich mehr
Essen auf den Boden fallen.

Beurteile niemanden nach
seinem Aussehen.

Beurteile ihn nach seinem Geruch.

Wenn jeder Tag wie der erste
in deinem Leben ist,
verhältst du dich vielleicht ständig
zu kindisch.

Wenn du eine Party schmeißt,
denke daran, dass Katzen keinen
Schnaps vertragen.

Friss Gras und würge es
wieder hoch.

Klingt nicht lustig, ist es aber.

Liebe und Wurst ähneln sich:
Von beidem kann man nie
genug kriegen.

Hunde machen sich gern
zum Narren.
Mach einfach mit.

Wir verraten es auch keinem.

Hätten Menschen so
wie Hunde ein Fell,
gäbe es keine Bekleidungsindustrie.

Liebe kann man nicht kaufen,
es sei denn, man erwirbt einen
Hundewelpen.

Der Postbote kommt nicht ins Haus,
um uns alle umzubringen.

Er kommt ins Haus, um uns erst zu
nerven und dann umzubringen.

Pfoten sind besser als Hände.

Pfoten können keine
Unterschriften fälschen.
Können keinen
Schuldigen ausdeuten.
Können keinen
Gewehrabzug betätigen.
Können keine unanständigen
Gesten machen.
Können keinen
Taschendiebstahl begehen.

Wahrscheinlich besteht der Mond
gar nicht aus Käse.

Aber wenn die Chance dafür eins
zu zehn Millionen beträgt,
müssen wir das Jahresbudget
der NASA verdreifachen.

Jack Spratt vertrug kein Fett,
seine Frau nichts ohne Fett.
Blieb mehr für den Hund –
sehr nett.

*(ein von mir, Trixie, überarbeiteter
Kinderreim)*

Der 4. Schritt zum Glück

SINN

*E*s ist deine Welt. Du gehörst hierher. Nicht weniger und nicht mehr als jeder andere. Du bist kein Marsianer. Du bist ein Erdling.

Bienvenu! Komm herein! Fühl dich hier zu Hause. Lass dich hier nieder!

Dich erwartet zwar kein Begrüßungskorb mit kostenlosen Süßigkeiten und Gutscheinen für fünfzig Prozent Preisnachlass auf alles, aber es ist trotzdem ein wunderbarer Planet.

ennoch ist es nötig, dass du ein Bad nimmst, dir die Zähne putzt und Manieren lernst, dir zum Beispiel in der Öffentlichkeit nicht in der Nase bohrst. Zugehörigkeit bringt genauso viele Pflichten wie Rechte mit sich.

Im stillen Kämmerlein darfst du dir natürlich in der Nase bohren, aber danach ist das Händewaschen unbedingte Pflicht.

*B*ei dir liegt auch die Verantwortung dafür, herauszufinden, warum du hier bist.

Kein Politiker kann deinem Leben Sinn verleihen. Von einem Politiker Sinngebung zu erwarten ist so, als würdest du eine Fleischwurst in der Hoffnung kaufen, zwischen den Wurstscheiben verborgene Botschaften von Gott zu entdecken.

Deinen Lebenssinn wirst du auch auf keiner Website finden. Und auf keiner CD mit einem Titel wie *In dreißig Tagen zu Wohlstand, Ruhm und Weltherrschaft.*

Jeder muss den eigenen Weg finden. Lies, stelle Nachforschungen an, denke nach und bete.

*J*eder hat einen eigenen Daseinszweck auf dieser Welt. Eine Lebensbestimmung, die nur ihm oder ihr eigen ist. Genauso wie ein Fingerabdruck oder die DNA.

Auch dein Geruch ist dir eigen. Deshalb kann ein Hund deine Spur durch die Sümpfe der Everglades verfolgen und danach quer durch Miami bis hinunter nach Key West und dich dort wegen einer Straftat stellen – vorausgesetzt, du bist ein Krimineller, und vorausgesetzt, der Hund hat die polizeiliche Vollmacht dazu.

*M*anche Menschen glauben nicht, dass jeder aus einem bestimmten Grund auf dieser Welt ist. Sie behaupten, man sei nur hier, um sich fortzupflanzen, sich zu ernähren und zu sterben.

Nimm dich vor Menschen in Acht, die so etwas sagen. Das ist nämlich die Philosophie der Gottesanbeterin, die mit ihrem Gefährten Nachwuchs zeugt und ihn danach bei lebendigem Leibe frisst.

Schließlich möchtest du bei einem Date ja nicht bei lebendigem Leibe gefressen werden. Es mag dir ein Rätsel sein, wozu du auf der Welt bist, aber ganz sicher nicht, um als Abendessen zu dienen.

Wenn du eine Online-Partnerschaftsvermittlung nutzt, erkundige dich, wie es dem letzten Bewerber um ein Date gegangen ist. Wenn es heißt: »Er wurde bei lebendigem Leib gefressen«, hast du gewiss nicht deine Traumfrau gefunden.

*H*ier ein Beispiel für wirklichen Lebenssinn. Vielleicht bist du dazu ausersehen, einem bestimmten Kind mit Freundlichkeit zu begegnen. Später wächst dieses Kind zu einem Heilkundigen oder weisen geistigen Führer heran. Dann war dein Leben genauso bedeutend wie das eines Königs, vielleicht noch bedeutender.

*E*twas hervorragend zu können heißt nicht, dass darin auch der Lebenssinn liegt. Mag sein, du bist ein wahres Genie, soweit es das Poker-spiel betrifft. Viel Spaß! Mach es zu Geld. Aber Poker kann deinem Leben keinen Sinn geben.

Hunde pokern so gut, dass sie bekannte Abbildungen aus Kartenspielen inspiriert haben. Ein verschollener Rembrandt, im Zweiten Weltkrieg aus dem Louvre gestohlen, zeigt vergnügte Hunde aus der Spät-renaissance bei einer frühen Version des »Offenen Pokerspiels«.

Aber Hunde leben nicht deshalb, um Karten zu spielen. Nicht mal deshalb, um Tennisbällen nachzujagen. Hunde leben, um Liebe zu schenken, Loyalität und Tapferkeit zu lehren und Menschen zu zeigen, wie man Spaß hat.

Vielleicht liegt dein Lebenssinn darin, dein Leben hinzugeben, um andere zu retten oder ihre Rechte zu schützen – wichtigere Rechte als das Recht, im stillen Kämmerlein in der Nase zu bohren. Jeden Tag lassen Menschen ihr Leben für andere.

Wir müssen ihnen Ehre erweisen. Sie sind die Besten der Menschheit.

*V*on allen Tieren sind es nur die Hunde, die ihr Leben lassen, um Menschen zu retten. Hab nie eine Kuh in einen See springen sehen, um einen ertrinkenden Jungen ans Ufer zu schleppen. Nie einen Hamster, der einen bewaffneten Einbrecher verjagt hat. Nur Hunde. Ist ein Grund für die enge Bindung zwischen Mensch und Hund.

Wir beschützen einander.

Wir haben eine gemeinsame Bestimmung.

Wir haben auch viele Eigenschaften miteinander gemein.

Nur Menschen und Hunde spielen ihr Leben lang gern.

Sehnen sich nach Zuneigung.

Schätzen Loyalität.

Sehen in der Welt ein Rätsel.

Begeistern sich für Frisbee.

*I*ch, Trixie, kannte mal einen Koch, der Frisbee mochte. (Dieser Satz ist das, was Schriftsteller eine »elegante Überleitung« nennen. Aber lies einfach weiter.)

Vielleicht bist du auf der Erde, um Hamburger zu grillen. Das ist kein armseliges Schicksal! Essen zuzubereiten, das andere erfreut, ist etwas Großartiges.

Hier, an der Regenbogenbrücke, wo wir tierischen Gefährten auf die Ankunft unserer geliebten Menschen warten, schnuppern wir Essensgerüche im Himmel. Da gibt's offenbar jede Menge Grillköche.

*F*inde keine wirklich gute Überleitung,
deshalb fahre ich einfach fort.

Vielleicht bist du auf der Erde, um andere zu
inspirieren – so wie es Lehrer und Pfarrer tun.
Oder auch ein Kind mit Down-Syndrom, das
seine Einschränkungen durch sein gutes Herz
und sein liebes Lächeln wettmacht.

*W*ie also findest du deinen Lebenssinn?

Frag dich als Erstes, was du am liebsten tust.

Falls die Antwort nicht lautet »Verbrechen begehen«, dann liegt in dieser Lieblingsbeschäftigung vielleicht auch dein Lebenssinn.

Falls du erwiderst »essen, trinken, schlafen, Partys besuchen, einkaufen«, hast du die Frage nicht verstanden. *Lebenssinn* bezieht sich auf das, was du selbst zum Leben anderer beiträgst.

Cool auszusehen ist KEIN Beitrag.

*F*rag dich, welche Leute du am meisten bewunderst. Vielleicht ist das, was du an ihrem Tun bewunderst, auch dein Lebenssinn.

Kann auch sein, dass dein Lebenssinn darin liegt, gutherzige Kinder großzuziehen. Die Welt braucht gutherzige Kinder. Hat genügend fiese Typen, die andere drangsalieren.

*V*ielleicht bist du auch auf der Welt, um misshandelte und ausgesetzte Hunde zu retten und ihnen ein Zuhause zu geben. Dann bist du ein Heiliger oder eine Heilige. Im Himmel werden die Engel dir Teller geben, auf denen dein Name steht. Deshalb weißt du nun, dass diese Mahlzeit dir gehört und kannst schnell und unbekümmert essen.

Kein Lebenssinn ist armselig, wenn er das Leben anderer verbessert. Eine gute Krankenschwester lindert mehr Schmerzen als jeder Filmstar.

Wenn du deinen wahren Lebenssinn entdeckst, findest du auch dein persönliches Glück.

Der 5. Schritt zum Glück

ANDERE

$\mathcal{E}$ine bekannte Redensart der Menschen besagt: »Niemand ist eine Insel.« Lange Zeit hielt ich, Trixie, die eine halbwegs tief blickende und verständige Hündin ist, diese Redensart für Blödsinn. »Niemand ist eine Insel« – was soll das heißen? Es ist ja auch niemand ein Erdteil. Oder ein Meer.

Oder ein Straßenzug in Cleveland.

*B*in mal einem Mann begegnet, der wie neun Straßenzüge in Cleveland roch, hochkonzentriert in einer einzigen Person, aber das ist eine andere Geschichte. Da es keine angenehme Geschichte ist, werde ich sie vermutlich niemals aufschreiben. Eine Faustregel beim Schreiben lautet: Falls die Geschichte viele lange Beschreibungen von ekelhaften Gerüchen verlangt, löst sie beim Leser und der Leserin Brechreiz aus, und man findet wahrscheinlich keinen Verleger dafür.

Ich, Trixie, die keine Faust machen kann, halte mich trotzdem an diese Regel. Hunde leben nämlich gern nach Regeln, solange diese Regeln fair sind. Richtlinien sind hilfreich.

*Ü*brigens wurde mir irgendwann klar, was »Niemand ist eine Insel« bedeutet: Menschen brauchen Menschen. Die Redensart drückt das in fünf Wörtern aus, wozu Barbra Streisand ein ganzes Lied braucht. Da auch Hunde Menschen brauchen, kam mir die Erleuchtung so wie ein köstlicher Streifen Schinkenspeck.

Wirklicher Schinkenspeck wäre mir zwar lieber gewesen, aber Erleuchtung ist auch ganz schön.

*U*m glücklich zu werden, braucht man Stille im Herzen. Aber man braucht auch ein *offenes* Herz. Es ist schwer, glücklich zu werden, wenn man einsam ist.

Ich rede hier nicht von romantischen Liebesabenteuern. Bin ja nicht Rosamunde Pilcher, Leute.

Würde es mir darum gehen, hätte ich den Beatles-Song »All You Need is Love« erwähnt und nicht Barbra Streisands Lied. Das wäre zwar ein Klischee gewesen, aber Hunde haben keine Angst, Klischees gerecht zu werden.

Schließlich jagen wir ja auch Autos hinterher und pieseln an Hydranten, ohne dass es uns peinlich ist.

*W*enn ich »Andere« sage, rede ich nicht einmal von Freundinnen oder Freunden. Es kann wirklich gut sein, sie zu haben. Du brauchst gute Freundinnen und Freunde.

Aber Freundinnen und Freunde können auch Menschen sein, die einen schlechten Einfluss auf dich ausüben. Ich meine zum Beispiel Leute, mit denen du dich bis zum Umfallen betrinkst. Oder Leute, mit denen du eine Bank ausraubst. Dracula und Frankensteins Monster haben sich in alten Filmen manchmal wie gute Freunde verhalten, aber sie hatten keine gesunde, lebensbejahende Beziehung.

*I*ch rede hier von Menschen, deren Leben
du wirklich zum Besseren verändern kannst,
zum Beispiel, indem du ihnen zu Weihnachten
einen Truthahn schenkst, wenn sie nichts zu
essen haben.

(Es zählt auch, Hunden Truthähne zu schenken!)

Wenn eine gebrechliche ältere Mitbürgerin ans
Haus gefesselt ist, kannst du Besorgungen für
sie machen. Oder für einen körperlich behinderten Nachbarn den Rasen mähen.

*T*rixie, das bin ich, war früher mal Assistenzhund für einen behinderten Menschen. Wurde dafür von der amerikanischen Organisation *Canine Companions for Independence*, abgekürzt CCI, ausgebildet. Viele, viele Leute arbeiten als Freiwillige ohne Bezahlung für diese Organisation – jedes Jahr Tausende von Stunden.

So etwas meine ich, wenn ich dem 5. Schritt zum Glück die Überschrift »Andere« gebe. Nicht nur für sich, sondern auch für andere Menschen zu leben, ist ein GROSSER Schritt zum Glück. Dann hat man niemals Langeweile und auch keine Zeit für Selbstmitleid. Für andere zu leben ist die beste Antwort auf die Fragen:

~ Warum bin ich hier?
~ Was bedeutet das Leben?
~ Bin ich allen anderen Menschen gleichgültig?
~ Zähle ich überhaupt?

*F*ür andere zu leben beantwortet aber nicht alle Fragen, manche bleiben offen. Zum Beispiel: Wieso hat das Huhn gerade die Straße überquert? Warum haben Feuerwehrleute rote Hosenträger? Was war zuerst da – die Henne oder das Ei?

Das sind kosmische Fragen, und die kann nur Gott beantworten, wenn wir sterben. Kein vernünftiger Mensch erwartet von einem Buch, das ein Hund geschrieben hat, Antworten auf kosmische Fragen. Also schickt mir keine eMails, in denen ihr euer Geld zurückverlangt!

*N*eben dem »Niemand ist eine Insel«-Spruch ist mir früher noch eine andere Redensart der Menschen als dämlich aufgefallen: »Du kannst deinen Kuchen nicht zugleich aufbewahren und essen.« Kommt mir immer noch dämlich vor.

Wenn du den Kuchen isst, bewahrst du ihn ja zugleich auf, denn er wird Teil von dir. Ich bin zu 3% Kuchen, 3% Apfelscheiben und anderes Obst, 7% Huhn, 5% Rindfleisch, 2% Fisch, 2% Schweineschinken, 2% Käse, 1% Reiskuchen mit Erdbeermarmelade, 2% Erdnussbutter, 50% Trockenfutter, 1% Mais und Kartoffel- chips und 22% Verschiedenes.

Du kannst deinen Kuchen nur dann nicht gleichzeitig aufbewahren und essen, wenn du den Kuchen erst isst und danach erbrichst. Und wer will das schon?

*H*ier noch ein bescheuerter Spruch: »Es ist nun mal, wie es ist.« Kein Witz! Wäre es nicht so, wie es ist, wie wäre es dann? Und wenn es so ist, wie es nicht ist, was, zum Teufel, geht dann vor sich?

Entschuldige meine unflätige Ausdrucksweise. Sieht mir gar nicht ähnlich. Aber selbst Hunde ärgern sich hin und wieder.

*U*nd das hier ist eine wirklich alberne Redensart: »Sei vorsichtig mit dem, was du dir wünschst!«

Meine Güte, vielen Dank auch für die Warnung! Hätte mir beinahe gewünscht, dass mir ein Blitz in den Hintern fährt. Das war knapp! Hätte mir fast gewünscht, mich würde ein Rudel tollwütiger Katzen angreifen.

Was hab ich mir nur dabei gedacht?

*M*anche Redensarten von Menschen sind nicht dämlich, sondern nur so banal, dass es wehtut. Zum Beispiel: »Was nach oben steigt, muss auch wieder herunterkommen.« Ach nee, wirklich? Oder: »Wie man in den Wald hinein ruft, so schallt es heraus.« Doppeltes *ach nee, wirklich!* Oder: »Es kommt, wie es kommt.«

Es sei denn, es kommt anders.

*S*olche Redensarten haben mit dem 5. Schritt zum Glück nichts zu tun. Wollte meinem Ärger nur mal Luft machen.

Ist anstrengend, ein Buch zu schreiben. Muss mir Zeit nehmen, ins Stille Herz zurückzukehren. Gib mir 50 Sekunden.

Hab nur 7 Sekunden gebraucht.
Bin fast eingeschlafen.

Jedenfalls besteht der 5. Schritt darin, für andere zu leben. Das kannst du von Hunden lernen. Hunde leben für Menschen.

Warum würde unser Schwanz sonst fast immer wedeln?

Der 6. Schritt zum Glück

DEMUT

*D*a ich, Trixie, ein philosophischer Hund bin, hab ich darüber nachgedacht, was zuerst da war: der Hund oder das Trockenfutter? Der Hund oder die Hundekotbeutel? Der Hund oder quiekendes Plüschspielzeug? Der Hund oder der Keks?

Bin zu dem Schluss gekommen, dass Trockenfutter, Hundekotbeutel, quietschendes Spielzeug und Kekse *allesamt* zuerst da gewesen sind, denn Gott wollte, dass alles, was Hunde brauchen, vor der Ankunft der Hunde auf der Erde sein sollte.

*H*eißt, dass auch Menschen vor den Hunden da waren, denn die Hunde brauchen Menschen, die uns sagen, wie liebreizend wir sind. Also waren Hunde die letzten Geschöpfe, die Gott auf die Erde schickte – die Krone der Schöpfung.

Die Krone der Schöpfung: Hunde! Hunde! Hunde!

*G*ibt viele Beweise dafür, dass Hunde die Krone der Schöpfung sind.

Kein Hund gleicht Paris Hilton.

Kein Hund würde jemals Karomuster und Streifenmuster zusammen tragen.

Kein Hund hat jemals einen Menschen an einem Pfosten festgebunden und dann allein im Hof gelassen.

Kein Hund hat sich jemals betrunken und ist am nächsten Morgen mit einer fremden Katze im Bett aufgewacht.

Hunde sind die Größten!
Die Krone der Schöpfung!
Hunde! Hunde! Hunde!

*D*er vorangegangene Text ist ein Beispiel dafür, was Demut *nicht* ist.

War mir peinlich, diesen Text zu schreiben. Hätte ich kein Fell, würdest du sehen, wie rot ich dabei geworden bin.

Demut ist ein wichtiger Schritt zum Glück.

*D*as Gegenteil von Demut ist ein Super-Ego und Hochmut.

Niemand kann hochmütige Menschen mit einem Super-Ego leiden. Hochmütige Menschen haben keine wahren Freunde, sondern nur vorgebliche Freunde.

Graf Dracula und Frankensteins Monster zum Beispiel waren keine *wirklichen* Freunde (siehe Schritt 5 zum Glück).

*H*ochmütige Menschen finden keinen Sinn im Leben. Vielleicht gelangen sie zu Geld, Ruhm und Macht – aber sie finden keine Bestimmung von irgendeiner Bedeutung. Sie sind nämlich viel zu sehr damit beschäftigt, sich selbst anzuhimmeln.

Die Zeit geht hart mit hochmütigen Leuten um. Verglichen mit dem Universum sind selbst hochmütige Leute Winzlinge. Die Zeit wird sie lehren, *wie* winzig sie sind.

*D*er Heilige Franziskus hat einmal gesagt: »Wo Geduld und Demut herrschen, gibt es weder Zorn noch Verdruss.«

Verdruss bedeutet *Sorge, Verwirrung, Qual.* Musste es im Wörterbuch der Menschen nachschlagen, konnte es im Wörterbuch der Hunde nicht finden.

*D*er Heilige Franziskus war ein weiser Mann. Er sagte: »Tröste lieber andere, anstatt selbst nach Trost zu suchen.« »Liebe andere, anstatt nach Liebe zu suchen.« Er sagte: »Gebt Hunden alle Kekse, die sie sich wünschen.«

Der letzte Satz stimmt nicht. Schäme mich dafür, dass ich versucht habe, den Heiligen Franziskus dafür einzuspannen, Leckerbissen zu ergaunern.

*H*ier etwas, das Hunde gern tun:

~ Rücklings auf dem Rasen liegen und zu den Sternen hinaufsehen.

~ Daran denken, wie groß das Universum ist und wie winzig man selbst.

~ Daran denken, wie lang die Zeit ist und wie kurz unser Leben auf der Erde.

Gibt einem ein gutes Gefühl, wisst ihr? Dann wird einem nämlich klar, dass man die Welt nicht ändern kann.

Man kann nur den Erdenwinkel, in dem man lebt, ein wenig heller machen.

*R*uhm bedeutet nichts. Die Zeit löscht
ihn aus.

Große Macht bedeutet nichts. Die Zeit löscht
den Mächtigen aus.

Deine Wut stirbt mit dir.

Die Liebe, die du schenkst, lebt weiter.

Zyniker werden über diese Wahrheiten spöt-
tisch lächeln. Die Zeit löscht Zyniker aus.

Du kannst genauso viel Liebe geben wie irgendein König oder Filmstar.

Wenn du demütig bist, hast du mehr zu geben als ein König oder Filmstar.

Auszeit für ein paar

WEISHEITEN ÜBER HUNDE

Dies sind keine Weisheiten eines Hundes, keine
Weisheiten von mir, Trixie. Es sind Weisheiten, die
Menschen über Hunde gesagt haben. Nach jeder
Weisheit folgt ein Kommentar von mir.
Man kann viel dabei lernen.

WENN DU EINEN HUNGERNDEN HUND
BEI DIR AUFNIMMST UND IHN GLÜCKLICH
MACHST, WIRD ER DICH NICHT BEISSEN.
DAS IST DER WICHTIGSTE UNTERSCHIED
ZWISCHEN EINEM HUND UND EINEM
MENSCHEN.

~ *Mark Twain*

An dieser Stelle bietet sich ein Katzenwitz
geradezu an. Doch im Geiste der Nächstenliebe
verzichte ich darauf.

Ich liebe Hunde. Sie tun nichts aus
politischen Gründen.

~ Will Rogers

Und ein Hund macht niemals Versprechungen,
die er nicht halten kann. Und er küsst auch
nur Babys, die er liebt.

Es gibt keine Treue, die noch niemals gebrochen wurde, ausser der Treue eines wahrhaft treuen Hundes.

~ *Konrad Lorenz*

Und schau nur, wie glücklich Hunde sind. Das bedeutet: Es macht glücklicher, Treuegelübde zu halten, als sie zu brechen.

EIN HUND IST DAS EINZIGE LEBEWESEN
AUF DER ERDE, DAS DICH MEHR LIEBT
ALS SICH SELBST.

~ *Josh Billings*

Hunde schenken dir bedingungslose Liebe. Also
wirst du ein winziges Bisschen vorbereitet sein,
wenn du stirbst und IHM begegnest. Sonst
würde dich Gottes Liebe glatt umhauen.

Dem Hund ist es nur selten gelungen, den Menschen zu seiner Stufe von Weisheit hinaufzuziehen. Aber der Mensch hat den Hund häufig auf seine Stufe hinuntergezerrt.

~ *James Thurber*

Und das versuche ich mit meinem Buch hier zu ändern. Aber ich bin nur ein Hund und lasse mich immer noch leicht von Leckerbissen oder Tennisbällen hinters Licht führen.

HUNDE LIEBEN GESELLSCHAFT.
DAS STEHT AUF IHRER LISTE DER LIEBSTEN
DINGE GANZ OBEN.

~ *J. R. Ackerley*

Wenn ich gestorben bin, werde ich an der
Regenbogenbrücke auf dich warten. Dort ist
man so allein, dass es für alle Zeiten reicht.
Lass uns deshalb hier und im Himmel Spaß
miteinander haben.

IHR GLAUBT, DASS HUNDE NICHT IN DEN
HIMMEL KOMMEN. ICH SAGE EUCH:
SIE WERDEN LÄNGST DORT SEIN,
EHE EINER VON UNS DA ANKOMMT.

~ Robert Louis Stevenson

Und wir werden gleich ein gutes Wort für euch
einlegen, sobald wir dort eintreffen.

DER HUND WURDE INSBESONDERE FÜR
KINDER GESCHAFFEN. ER IST DER GOTT
DER AUSGELASSENHEIT.

~ *Henry Ward Beecher*

Wenn ihr es uns in eurem hohen Alter erlaubt,
werden wir euch wieder zu Kindern machen.
Spiel und Gelächter trotzen der Zeit.

ALS ARCHÄOLOGEN DURCH DIE VULKAN-
ASCHE STIESSEN, DIE IM JAHR 79 NACH
CHRISTUS DIE RUINEN VON POMPEJI
BEGRUB, ENTDECKTEN SIE EINEN HUND,
DER SICH ÜBER EIN KIND GEWORFEN HATTE.
ER HATTE VERSUCHT, ES ZU BESCHÜTZEN.
DER HUND HIESS DELTA UND TRUG EIN
HALSBAND, AUF DEM STAND, ER HABE DAS
LEBEN SEINES BESITZERS NAMENS SEVERI-
NUS DREI MAL GERETTET.

~ *John Richard Stevens*

Nichts gibt dir ein besseres Gefühl als das
Wissen, alles in deiner Macht Stehende getan
zu haben.

MENSCHEN FÄLLT ES SEHR SCHWER, ZU
EINEM GLÜCKLICHEN LEBEN ZU GELANGEN.
SIE NEIGEN DAZU, SICH VÖLLIG IN IHRER
EIGENEN WELT ZU VERSTRICKEN. DABEI
GERATEN SIE DURCHEINANDER, WEIL SIE
NICHT WISSEN, WAS SIE BRAUCHEN ODER
WOLLEN, UND DANN SETZT EINE DEPRES-
SION EIN. HUNDE HABEN DIESES PROBLEM
NICHT. SIE WISSEN GENAU, WAS SIE GLÜCK-
LICH MACHT: ETWAS FÜR ANDERE ZU TUN.
SIE WERDEN ALLES FÜR SIE VORSTELLBARE
UNTERNEHMEN, UM IHREN MENSCHLICHEN
GEFÄHRTEN FREUDE ZU BEREITEN. UND
JEDES ANZEICHEN DAFÜR, DASS ES IHNEN
GELUNGEN IST, MACHT SIE SEHR GLÜCKLICH.

~ *John Richard Strauss*

Es ist langweilig, nur für sich selbst zu leben. Tag
für Tag dieselben Wünsche, Bedürfnisse und
Sehnsüchte. Für andere leben beinhaltet stets
Abwechslung, Überraschungen und Freude.

Der 7. Schritt zum Glück

VERLUST

*M*an muss Verluste hinnehmen – frühere Verlust und Verluste, die noch kommen werden. Man kann kein Glück empfinden, bis man lernt, Verluste zu akzeptieren. Vielleicht ist dieser Schritt zum Glück am schwersten von allen Schritten zu verstehen. Verlust tut mehr als alles andere weh. Der Verlust eines Ehepartners, eines Kindes, eines Elternteils oder der Verlust eines geliebten Haustiers tut viel mehr weh als körperlicher Schmerz.

*W*arum muss man sterben? Warum Schmerz erleiden?

Denkt daran, dass ich, Trixie, nur ein Hund bin.

Anfangs kannte die Welt weder Schmerzen noch Tod. Die Tiere lebten genau wie die Menschen in immerwährendem Frieden. Wir hingen bei Starbucks herum, aßen in vegetarischen Restaurants, tanzten Conga (vielleicht habe ich diesbezüglich auch irgendwas falsch verstanden). Jedenfalls gab es keine Schmerzen, keinen Tod, ewigen Frieden.

Die Menschen hatten einen freien Willen. Das bedeutet, dass sie keine Tiere waren, sondern nur eine Stufe unter den Engeln standen. Menschen – einzig und allein Menschen – hatten die Freiheit, alles zu tun, was sie wollten, auch die natürlichen Gesetze zu befolgen oder sie zu missachten. Manche beschlossen, sie zu missachten. Durch diese schlechte Entscheidung haben sie dem Bösen Tür und Tor geöffnet und die Schmerzen und den Tod in die Welt gebracht.

Ich bin sehr froh, dass es keine Hunde waren, die diese schlechte Wahl trafen. Uns gibt man die Schuld an jedem neuen Fleck auf dem Teppich, ob wir ihn verursacht haben oder nicht. Kann mir das Gezeter vorstellen, hätten wir die ganze Welt ruiniert!

*U*nd so brachen bei manchen Menschen Neid, Gier, Eifersucht und Schlimmeres aus. Will hier nicht näher darauf eingehen. Ihr wisst ja, was das noch Schlimmere ist. Die Welt wurde zu einem Ort, der von Gewalt geprägt ist.

Denkt an all das, bevor ihr das nächste Mal »*Böser Hund!*« sagt.

*A*ber die Menschen haben nicht nur Schmerzen und Tod in die Welt gebracht, sondern auch die Chance der Wiedergutmachung. Ein Verlust ist das Schlimmste überhaupt, ist aber auch ein Lehrer, den man kaum mit Nichtbeachtung strafen kann.

Würdest du niemals Schmerzen, Verluste, Trauer erleben, wie würdest du dann Mitgefühl lernen? Die Fähigkeit, sich in andere einzufühlen, setzt voraus, dass man ihr Leiden begreift. Ohne Erfahrung von Verlust und Schmerzen wären Menschen Monster, denen es nur um das eigene Vergnügen geht.

Trauer lehrt Demut, lehrt Mitgefühl.

*I*ch, Trixie Koontz, bin nur ein Hund. Deshalb möchte ich zu diesem Thema hier etwas aus dem Buch *Meer der Finsternis* zitieren, das mein Menschenpapa geschrieben hat. Er ist zwar ein Mensch, aber auf bestimmte Art auch irgendwie wie ein Hund. Deshalb kann er manches vielleicht besser ausdrücken als ich … und doch mit einem kleinen bisschen Hundeweisheit. Hoffe nur, dass er für das Zitat keine Lizenzgebühr von mir verlangt!

》 *Trauer kann dich vernichten – oder dir Scharfsicht verleihen. Du kannst zu dem Schluss kommen, dass eine Beziehung sinnlos ist, wenn sie mit einem Tod endet und du allein zurückbleibst. Oder du kannst erkennen, dass jeder einzelne Moment dieser Beziehung bedeutsamer war, als du seinerzeit zu akzeptieren wagtest. Damals hast du einfach in den Tag hinein gelebt, die tägliche Liebe und das Lachen als gegeben hingenommen und dir nicht erlaubt, diese Beziehung als ein göttliches Geschenk zu betrachten.* 《

》 Doch wenn sie Vergangenheit ist und du allein zurückgeblieben bist, verstehst du nach und nach, dass diese Beziehung nicht darin bestand, zusammen ins Kino und essen zu gehen, gemeinsam den Fußboden zu schrubben, den Abwasch zu erledigen oder sich zu zweit Sorgen über eine hohe Stromrechnung zu machen. Nein, diese Beziehung hat alles umfasst, sie war die Grundlage deines Lebens – bei jedem Erlebnis und in jedem kostbaren Augenblick. 《

》 *Die Antwort auf das Rätsel der Existenz ist die Liebe, die du – manchmal so unvollkommen – mit dem anderen geteilt hast. Und wenn dir der Verlust die Augen für die tiefere Schönheit, die Heiligkeit dieser Beziehung öffnet, wirst du lange Zeit auf die Knie fallen.*

Dazu treibt dich nicht die Bürde des Verlustes, sondern die Dankbarkeit für das, was VOR diesem Verlust war. 《

》 *Der Schmerz ist dann zwar immer noch da,
aber eines Tages überwindest du die innere
Leere. Diese Leere zu nähren und Trost darin zu
suchen bedeutet nämlich, das Geschenk des
Lebens zu missachten.* 《

*J*etzt spreche *ich* wieder, Trixie Koontz,
der Hund.

Wenn du den Verlust annimmst und verstehst,
warum es dazu kam, kannst du nicht für alle
Zeiten Bitterkeit empfinden. Du wirst nur eine
gewisse Zeit lang niedergeschlagen sein.

Menschen lieben alle Dinge, die nicht von
Dauer sein können. Das ist auch gut so – *wenn*
man auch das liebt, sogar mehr liebt, was
von Dauer ist.

Liebe auf die besondere Weise, mit Stille im Herzen, schon hier. Nach diesem Leben hier wirst du stets Stille im Herzen tragen.

Liebe die Schönheit der Welt, denn sie gibt dir eine Vorahnung von der Schönheit der Ewigkeit.

Liebe den Spaß und das Lachen, denn zur Freude wurdest du geschaffen.

*L*iebe – und lebe für – andere, denn wie du sind sie aus einem bestimmten Grund auf dieser Welt. Und wie du werden sie diese Welt überdauern. Wenn ein misshandelter oder ausgesetzter Hund von Tierschützern gerettet wird, bringen sie ihn in einem neuen Zuhause unter. Liebe andere, denn eines Tages werden sie dein »neues Zuhause« mit dir teilen. (Und vielleicht ist darunter sogar Tante Edna, die Füße mit jeweils sechs Zehen hat.)

Schätze an anderen die Demut, nicht deren Glanz und Ruhm. Finde Demut in dir selbst, aber sei nicht stolz darauf.

*U*nd nun kommen wir zum 8. Schritt, dem letzten Schritt zum Glück. Du wirst dabei entdecken, warum der Weg zum Glück dem Abschütteln von Winterfell bei einem Hund ähnelt.

Der 8. Schritt zum Glück

DANKBARKEIT

Kekse! Wurst! Äpfel! Kuchen!
Trockenfutter! Hühnchen! Lamm!
Reis! Pfirsiche! Kartoffelbrei!
Karotten! Eiscreme! Heilbutt!

Trockenfutter!!!
Und Erdnussbutter!!!!!!!!

Schreibende Hunde neigen dazu, viel zu viele Ausrufezeichen zu setzen! Das liegt nicht an mangelnder Ausbildung, sondern an einer genetischen Vorbelastung, die mit unserem sonnigen, begeisterungsfähigen Wesen zu tun hat.

Um bissige Bemerkungen von Rezenten oder Rezensentinnen dieses Buches zu vermeiden, habe ich mich bemüht, nicht durchgängig in Ausrufezeichen zu schwelgen. Aber bei diesem Kapitel über Dankbarkeit kann ich gar nicht anders!

*K*atzen übertreiben es niemals mit den Ausrufezeichen, so viel will ich ihnen zugestehen. Es gibt nicht viele Katzen, die Bücher verfassen. Sie schreiben lieber Haikus, dann haben sie mehr Zeit herumzuliegen und in der Sonne zu schlafen. Ich will ja nicht behaupten, dass Katzen faul sind. Sie haben nur weniger zu sagen.

Sonnenschein! Sonnenaufgang!
Sonnenuntergang! Regen!
Ein Spaziergang im Regen!
Fell wird nass, und es riecht so gut.
Schnee! Wind, Wind, Wind, der
eine Million Gerüche mit sich
bringt!!!

Wenn dir Tag für Tag vor Dankbarkeit für alle Geschenke des Lebens das Herz schwillt, stehst du an der Schwelle des Glücks.

Du musst sehr vieles von dir abschütteln, um eine so tiefe fortwährende Dankbarkeit zu empfinden.

*H*unde kennen sich mit dem Abschütteln (von Fell und anderem) aus – ausgenommen die exotischen Rassen, die Haare, aber kein Fell haben. Ist nicht ihre Schuld, sondern ihre Natur. Ist auch nicht ihre Schuld, wenn Menschen deren Haar durch Rasur in eine komische Façon bringen und es mit Schleifchen schmücken. Dieselbe Spezies – der Mensch – hat dem Bösen Tür und Tor geöffnet und die Welt ruiniert. Im Vergleich dazu ist es keine große Sache, Hunde albern aussehen zu lassen.

Meistens meinen es die Menschen ja gut. Nur ist das, was sie tun, nicht immer durchdacht.

*U*m dich dem Glück zu nähern, musstest du Verzweiflung und Ängste abschütteln, denn sie wirken der Gelassenheit entgegen. Nur so konntest du zu einem Stillen Herzen finden.

Sehr gut! Sitz! Bleib so! Genieße es!

Um dich dem Glück zu nähern, musstest du auch Scheuklappen abschütteln, die dich davon abhielten, Schönheit überall in der Welt zu erkennen.

Bin so stolz auf dich! Du bist ein wahrer Mensch geworden. Jetzt könnte ich dich überallhin mitnehmen.

*U*m dich dem Glück zu nähern, musstest du erst erkennen, dass die Welt ein Geschenk ist, Spaß macht und du die Wahl hast, glücklich zu sein. Du musstest den Trübsinn abschütteln und auch die Neigung, dich um Dinge zu sorgen, die du nicht lenken kannst.

Ich schenke dir einen Keks. Du hast ihn dir verdient.

*U*m dich dem Glück zu nähern, musstest du den Zweifel abschütteln und erkennen, dass das Leben einen Sinn hat. Du bist aus einem bestimmten Grund hier.

Für viele ist es ein schwerer Schritt zuzugeben, dass man *wichtig* ist, dass alles und jeder wichtig ist.

Wärst du jetzt hier, würde ich dir den Bauch kraulen.

𝓤m dich dem Glück zu nähern, musstest du die Vorstellung abschütteln, dass es im Leben vor allem um dich geht, musstest du dir klar machen, dass es im Leben um andere geht.

Und so hast du die Neigung, wie eine Katze zu denken, überwinden können.

*U*m dich dem Glück zu nähern, musstest du den Stolz abschütteln und die Vorstellung, dass Ruhm und Macht wichtig sind, musstest du die Schönheit der Demut erkennen.

Um dich dem Glück zu nähern, musstest du die Bitterkeit abschütteln, die ein Verlust auslösen kann. Der Verlust tut weh, weil das, was vorher war, so schön war.

Sei dankbar für dieses Schöne.

Sei dankbar für das, was der Verlust ein demütiges Herz lehrt. Dankbar für andere in deinem Leben, die dir dabei helfen, mit dem Verlust zu leben. Für die Bedeutung, die diese anderen deinem Leben geben. Für das Lachen, das du mit ihnen teilst. Für die Schönheit der Welt, die uns das Lachen erlaubt, und für die Stille im Herzen, die es dir ermöglicht, Schönheit zu erkennen.

Auf Wiesen herumrennen! In einem See schwimmen! Bälle jagen! An Spielzeugen zerren! Quietschende Spielzeuge! Die liebevolle Hand, die dich hinter den Ohren krault! Kühles Wasser, wenn man Durst hat! Küchen und ihre Gerüche! Gäste, die zum Spielen kommen! Die menschliche Stimme und das einfühlsame Wort! Ohren, um zu hören! Augen, um zu sehen! Die Zunge, um zu schmecken! Ein Herz, das groß genug ist, das alles in sich zu bewahren – das Staunen, das Rätselhafte, die Schönheit!

Oh, welche Gnade.

Ich, Trixie Koontz, die ein Hund ist, wünsche dir Glückseligkeit. Niemals endende Glückseligkeit.

Trixie Koontz

(1995 – 2007)

Spitznamen:
Short Stuff, Trix, Furface, Fluffybut

Kurz-Bio:
Reinrassig gezüchtet und danach Ausbildung zum
Assistenzhund

Vorlieben:
Menschen, Streicheleinheiten im Gesicht, Schmu-
sen, Hafer-Zimt-Frühstückskekse, Schwimmen

Hauptärgernis:
Der Fernseher. Ich hätte zur Unterhaltung meiner
menschlichen Eltern doch ausgereicht!

Lieblingsspielzeug:
Tennisball, und nicht nur, weil ich ihn gern jage. Dad versteckt den Ball, dann sagt er: »Trixie such!«, und ich erschnüffle den Ball. Was Verstecke betrifft, ist Dad sehr schlau und hinterhältig. Das Spiel war immer ein großer Spaß.

Lieblingsessen:
Alles.

Meine besten Tricks:
Eine Münze mit den Zähnen vom Steinboden schnappen. Hab ich als Assistenzhund gelernt. Dad hat in all den Jahren so viel Kleingeld fallen lassen – könnte mir davon einen Cadillac kaufen. Hab immer davon geträumt, ein Auto zu lenken. Hab zwar einen Wagen, aber die blöden Gesetze erlauben mir nicht, den Führerschein zu machen.

Meine Vorgeschichte:
Früher war ich ein Assistenzhund. Nach einer Ellbogenoperation wurde ich vom Dienst freigestellt und Familienmitglied bei den Koontzens in Newport Beach. (Dort schrieb ich dann drei Bücher, um Geld für andere Assistenzhunde zu beschaffen.)

Was meine Familie über mich sagt:

Trixie war ein Engel auf Erden, nur ohne Flügel. Stattdessen gab man ihr zur Tarnung ein Fell. Sie hatte rätselhafte Augen, das Herz einer Löwin und das Gemüt eines Lamms. Durch ihr Beispiel machte sie uns zu besseren Menschen, brachte zu Herzen gehende Schönheit und jede Menge Humor in unser Leben und hinterließ eine schreckliche Lücke, als Gott sie zu sich nahm.

∼ www.DeanKoontz.com/trixie ∼

Dean Koontz

Der Autor schrieb zahlreiche Romane, die auf der Bestsellerliste der *New York Times* auf Platz 1 standen, etwas, was ihm auch mit *A Big Little Life* gelang, einer Autobiografie des gemeinsamen Lebens mit einem Golden Retriever, die auf Deutsch als *Trixie* herauskam. Gewohnt spannend schildert er darin das gemeinsame Leben mit dem gleichnamigen Assistenzhund. Als er und seine Frau beschließen, diesen intelligenten und wachsamen neuen Gefährten in ihre Familie aufzunehmen, geschieht Unglaubliches. Durch ihn lernen sie, ihren Instinkten zu vertrauen und wieder Freude in ihr Leben zu lassen – und die Welt mit einem unfassbaren Staunen zu betrachten, das sie seitdem nicht mehr verlassen hat. Von der Zeit mit Trixie zeugen außer der Autobiografie noch die Bücher *Bliss to You*, das hier in deutscher Ausgabe vorliegt, *Life is Good*, *Christmas is Good* sowie die Kinderbücher *I, Trixie, Who Is Dog* und *Trixie & Jinx*, gezeichnet von Janet Cleland, zu denen auch iPad Apps veröffentlicht wurden. In *Ask Anna*, ebenfalls von Janet gezeichnet und durch eine iPad App ergänzt, gibt Trixies Nachfolgerin anderen Hunden Rat in allen Lebenslagen.

Geboren wurde Dean Koontz 1945 in Pennsylvania. Er arbeitete zunächst als Englischlehrer und schrieb nur am Wochenende und in den Abendstunden – und glaubte an sich, als er noch kein erfolgreicher Schriftsteller war. Aber nicht nur er, auch seine Frau Gerda war von seinem Können überzeugt. Daher bot sie ihm an, für fünf Jahre allein den Unterhalt zu verdienen. Binnen dieser Zeit sollte er mit dem Schreiben ausreichende Einnahmen erzielen können – oder seinen Kindheitstraum an den Nagel hängen, so die Vereinbarung. Er musste diese Frist aber gar nicht ausschöpfen, der Erfolg kam schneller, und seitdem hat er insgesamt sagenhafte 500 Millionen Exemplare seiner Romane verkauft, die den großen Erfolg in den USA weltweit wiederholten. Heute lebt der Autor mit seiner Frau Gerda, dem Golden Retriever Elsa und dem fortdauernden geistigen Wirken von Trixie und Anna, ihren beiden früheren Golden Girls, in Südkalifornien.

~ www.DeanKoontz.com ~

»Darf ich Ihnen eine wunderbare Wahrheit über Ihre Hündin offenbaren?«

Eine Leseprobe aus dem *New York Times* Bestseller TRIXIE, der großen Hunde-Biografie von DEAN KOONTZ

AMRA Verlag & Records
ISBN 978-3-95447-325-0
Hardcover mit Leseband
272 Seiten, viele Fotos
24,99 € [D] / 25,70 € [A]
auch als eBook erhältlich!

Wenn wir mit Trixie Gassi gingen, trafen meine Frau Gerda und ich oft den Großvater einer indischen Familie, die nahe bei uns in einer Querstraße wohnte. Er brauchte einen Rollator und ging damit stets langsam, aber gleichmäßigen Schrittes die ebenen Straßen entlang. Das tat er zwei Mal am Tag. Offenbar war das sein auf eineinhalb Kilometer begrenzter Gesundheitsspaziergang. Mich beeindruckte seine Entschlossenheit, aktiv zu bleiben. Er hatte ein rundes, fröhliches Gesicht und ein herzliches Lächeln, und sein leicht melodischer Akzent war bezaubernd. Stets wollte er nach unten greifen und Trixies Kopf streicheln, während wir Höflichkeiten über das Wetter oder Tagesnachrichten austauschten.

Eines Tages fragte er, als Trixie und ich auf ihn zugingen: »Darf ich Ihnen eine wunderbare Wahrheit über Ihre Hündin offenbaren?« Ich antwortete, nichts sei mir lieber. Daraufhin fuhr er fort: »Vielleicht wissen Sie ja, was sie ist. Wissen Sie es?«

Da ich annahm, der freundliche ältere Herr wolle wissen, zu welcher Rasse Trixie gehörte, sagte ich leichthin: »Sie ist ein Golden Retriever.«

»Ja, das ist sie«, erwiderte er. »Aber das habe ich nicht gemeint. In unserer Religion glauben wir an Reinkarnation. Wir leben viele Male, wissen Sie? Und immer streben wir danach, von Mal zu Mal weiser als in unseren früheren Leben zu sein. Weiser und tugendhafter. Wenn wir irgendwann ein untadeliges, ein perfektes Leben leben, verlassen wir diese Welt und brauchen sie nicht länger zu ertragen. Aber zwischen unseren menschlichen Leben können wir in Gestalt anderer Geschöpfe reinkarnieren. Hin und wieder kommt es vor, dass jemand, der ein fast perfektes Leben gelebt hat, jedoch noch nicht ganz des Nirwanas würdig ist, in Gestalt eines wunderschönen Hundes reinkarniert. Wenn sein Leben als Hund endet, reinkarniert dieses Geschöpf ein letztes Mal als Mensch und lebt dann ein perfektes Leben. Ihre Hündin ist eine Persönlichkeit, die fast schon die vollständige Erleuchtung erlangt hat und im nächsten Leben ein perfekter, unschuldiger Mensch sein wird, eine großartige Persönlichkeit. Man hat Ihnen die Fürsorge für ein Wesen anvertraut, dem man in Ihrer Religion wohl die Seele einer Heiligen zusprechen würde.«

Die Stimme und die Art des Großvaters faszinierten mich. Und seine Bemerkungen über Trixie waren so gütig und liebevoll, dass ich ihm dankte und erwiderte, wir hätten sie schon immer für etwas ganz Besonderes gehalten. »Erzählen Sie Ihrer Frau, was ich Ihnen mitgeteilt habe«, sagte er schließlich. Ich versicherte ihm, ich könne es kaum abwarten und würde es ihr zu Hause gleich erzählen.

Es mag sonderbar erscheinen, doch nachdem ich ein paar Schritte weitergegangen war, kam ich auf die Idee, seine Bemerkung mit dem Vorfall zu verbinden, bei dem ich Trixie gesagt hatte, sie sei ein als Hund getarnter Engel. Außerdem fiel mir die Nacht ein, in der es mir so vorgekommen war, als führte sie einen für mich unsichtbaren Gast durch das obere Stockwerk. Mir lief ein – nicht unangenehmer – Schauer über den Rücken.

Als Christ glaube ich nicht an Reinkarnation, aber ich glaube, dass Trixie tatsächlich etwas Einzigartiges und Bedeutsames an sich hatte. Viele Menschen erkannten dieses Einzigartige an ihr und drückten ihre Wahrnehmung auf unterschiedliche Weise aus. Wenn wir uns mit Trixie auf der Terrasse eines Restaurants aufhielten, blieben andere Gäste häufig an unserem Tisch stehen und machten irgendeine Bemerkung über Trixie. Oft erwähnten sie ihre Schönheit oder ihr gutes Benehmen und sagten dann: »Sie ist wirklich etwas ganz Besonderes, nicht wahr?« Wir bedankten uns jedes Mal dafür und antworteten: »Ja, sie ist etwas ganz Besonderes.« Nachdem der Großvater mir erzählt hatte, für was er unsere Hündin hielt, war mir mehr denn je bewusst, wie häufig Trixie mit den Worten »etwas ganz Besonderes« beschrieben wurde.

Unsere Freunde Andy und Anne Wickstrom, die wir schon seit meiner Studienzeit kennen und die von Jahr zu Jahr interessanter – vielleicht auch eigenartiger – wurden, besuchten uns für eine Weile in unserem neuen Haus. Sie waren begeistert von Trixie, und das beruhte auf Gegenseitigkeit. Zu fünft verbrachten wir eine wundervolle Woche. Etwa einen Monat nach ihrer Rückkehr zur Ostküste erwähnte Anne während eines Telefonats, sie habe Freunden von Trixie erzählt und zu vermitteln versucht, wie besonders diese Hündin sei. Doch irgendwann sei ihr klar geworden, dass Worte und Anekdoten einfach nicht ausreichen, jemandem »Short Stuffs« zauberhafte Persönlichkeit und Ausstrahlung vollends begreifbar zu machen.

Beim Verfassen dieser Erinnerungen bin ich oft auf genau diese Barriere gestoßen. Ich musste akzeptieren, dass ich trotz all meiner Bemühungen, ein genaues Porträt von Trixie zu zeichnen, ihr damit einfach nicht gerecht wurde. Das Unsagbare kann man nicht beschreiben. Ein Geheimnis ist ja gerade deshalb ein Geheimnis, weil man es nicht aufdecken kann, und manche Rätsel sind schlichtweg nicht lösbar.

In dem zweiten Roman, den ich nach Trixies Eintritt in unser Leben geschrieben habe, *Der Geblendete*, konnte ich jene spirituellen Fragen, die ich unterschwellig auch schon in einigen meiner früheren Bücher angesprochen hatte, näher an die Oberfläche holen und konkreter thematisieren. Ich meine damit meine Auffassungen darüber, dass die Welt ein Ort voller Geheimnisse und voller sinnvoller Bedeutungen ist; dass die Naturwissenschaften – insbesondere die Quantenphysik – und der religiöse Glaube miteinander nicht im Widerstreit liegen, sondern einander in Wahrheit ergänzen; dass wir eine Gemeinschaft von potenziell Heiligen sind; dass wir eine Bestimmung miteinander gemein haben und jeder von uns ein Faden in einem sinnvollen Gewebe ist.

Als der Roman erschien, bekam er mehr wohlwollende Rezensionen, als wir in die ersten fünf Seiten der folgenden Taschenbuchausgabe pressen konnten. Das war wunderbar, doch Rezensionen sind innerlich nicht so befriedigend wie die Resonanz der Leserinnen und Leser. In den ersten acht Jahren nach der Veröffentlichung wurden weltweit sechs Millionen Exemplare von *Der Geblendete* verkauft, und ich erhielt Zehntausende von Leserbriefen. Manche davon waren die intelligentesten und anrührendsten Briefe, die ich je bekommen habe.

Die Widmung, die ich diesem Roman vorangestellt hatte, lautete: »Für Gerda. Von den vielen tausend Tagen meines Lebens war der wichtigste Tag derjenige, an dem wir uns begegnet sind. Und das wird er für immer bleiben.« Gerda hatte ich auch früher schon Bücher gewidmet. Aber bei diesem Roman hatte ich endlich das Gefühl, ein Buch verfasst zu haben, das Gerdas würdig war.

Fünf Jahre danach widmete ich Trixie ein Buch. So lange brauchte ich wegen meiner bedächtigen, begriffsstutzigen Art, bis mir schließlich ganz und gar bewusst war, wie sehr diese Hündin nicht nur mich, sondern auch mein Schreiben verändert hatte.

Trixie von DEAN KOONTZ
»Einmal mehr ein sprachliches Meisterwerk!« – Kirkus Reviews

Fordern Sie Ihre Gratis-CD an
auf www.AmraVerlag.de.